eSportsNord e.V.

Autor

Timo Schöber

Pressesprecher eSports Nord e.V.

eSports Leitfaden 2020

Grundlagenwissen für jedermann

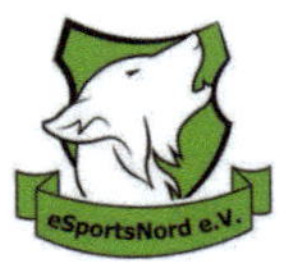

eSports Nord e.V.
Moin meets eSports
www.esportsnord.de
info@esportsnord.de

Satz, Layout und Cover

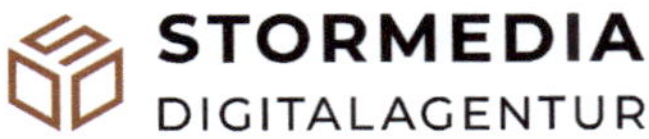

Rote Pforte 14 • 25813 Husum
Tel.: (0 48 41) 78 67 942
Email: info@stormedia-husum.de
www.stormedia-husum.de

Herstellung

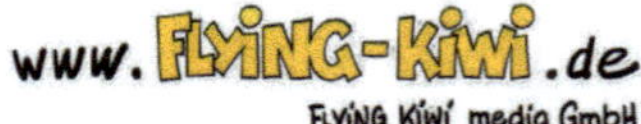

Schulstr. 5 • 24989 Dollerup
Tel.: (0 46 36) 97 68 299
Email: info@flying-kiwi.de
www.flying-kiwi.de

ISBN 978 3 940989 40 6

Bibliografische Information der Deutschen Bibliothek

Die Deutsche Bibliothek verzeichnet diese Publikation in der Deutschen Nationalbibliografie; detaillierte bibliografische Daten sind im Internet über http://dnb.ddb.de abrufbar.

Inhalt

1. Vorwort ... 4
2. Was ist eSports? ... 5
2.1 Unterscheidung Gaming und eSports ... 6
2.2 Profisport ... 8
2.3 Breitensport ... 9
3. Die Geschichte des eSports – Ein kurzer Überblick ... 11
4. eSports in Zahlen: Status Quo 2020 ... 13
5. Die wichtigsten Genres ... 14
5.1 Multiplayer Online Battle Arena (MOBA) ... 15
5.2 Echtzeitstrategie ... 17
5.3 Taktikshooter ... 18
5.4 Battle Royale ... 18
6. Die wichtigsten Spiele ... 19
6.1 League of Legends ... 20
6.2 Dota 2 ... 21
6.3 StarCraft II ... 22
6.4 Counter-Strike: Global Offensive ... 23
6.5 Overwatch ... 24
6.6 Fortnite ... 24
7. Plattformen ... 25
7.1 PC / Computer ... 25
7.2 Konsolen ... 26
7.3 Mobile und Handhelds ... 26
8. Strukturen ... 27
8.1 Clans ... 27
8.2 Vereine ... 28
8.3 Verbände ... 28
8.4 Räumlichkeiten ... 29
8.5 Regionale / Nationale Meisterschaften ... 30
9. Chancen und Nutzen ... 30
9.1 Berufsbilder ... 31
9.2 Events / Tourismus ... 32
9.3 Internationalität ... 32
9.4 Fertigkeiten und Fähigkeiten ... 33
10. Risiken ... 34
11. Nachwort und weitergehende Informationen ... 35
12. Quellenverzeichnis und Hinweise ... 36

1. Vorwort

In gegenwärtigen medialen Berichten ist häufig vom „neuartigen Phänomen eSports" die Rede. Dabei ist eSports gar nicht so neu, wie viele denken mögen.

Vielmehr ist eSports ein Phänomen, das über Jahrzehnte gewachsen ist und in anderen Ländern als Deutschland, beispielsweise in Südkorea, China und den USA, schon seit Langem ein Massensport ist.

Dass eSports neu sei, ist aber nur eines von vielen Vorurteilen und Fehleinschätzungen, die in Deutschland im Hinblick auf den elektronischen Sport leider häufig zu hören und zu lesen sind.

Dieser Leitfaden soll fundiertes Grundlagenwissen vermitteln, gerade für Menschen, die bisher keine oder kaum Berührungspunkte zum Thema eSports gehabt haben. Es handelt sich daher um einen Überblick über den eSports insgesamt, mit einem besonderen Fokus auf Deutschland.

Die Inhalte dieses Buches richten sich vor allem an Eltern, Schüler, Jugendorganisationen, Sozialpädagogen und andere Personen, die sich einen groben Eindruck vom eSports verschaffen möchten. Für tiefergehende und detaillierte Informationen empfehle ich mein Buch „Bildschirm-Athleten", das im Jahr 2018 erschienen ist und sehr tief in die Materie eintaucht.[1]

Aber ist das nun eSports? Ist das Gaming? Wie unterscheiden sich diese beiden Dinge? Und überhaupt: Was wird gespielt? Wie wird gespielt? Wo wird gespielt und welche Strukturen existieren? Ist eSports eher eine positive Erscheinung – und, wenn ja, welche Risiken existieren dennoch? Wie lassen sich diese abfedern?

Diese und viele weitere Fragestellungen werden in diesem Leitfaden behandelt und beantwortet.[2]

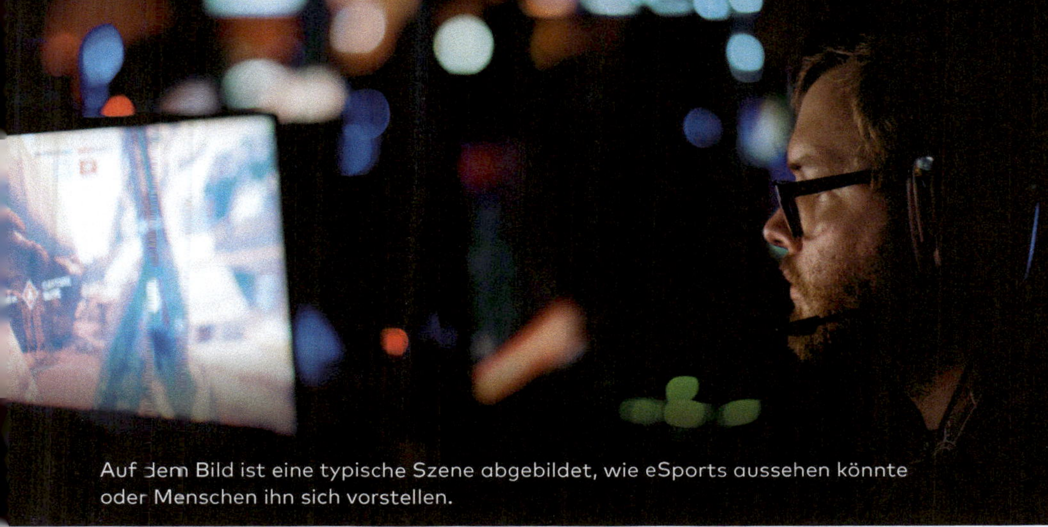

Auf dem Bild ist eine typische Szene abgebildet, wie eSports aussehen könnte oder Menschen ihn sich vorstellen.

2. Was ist eSports?

Die Definition von eSports ist erst einmal recht simpel:

eSports ist das wettbewerbsorientierte Spielen von digitalen Inhalten unter sportlichen Aspekten.

Die beiden wichtigsten Definitionsmerkmale sind hier:

1. **Wettbewerbsorientierung**
   Es geht um einen Wettstreit von Menschen mit- und gegeneinander. Das bedeutet, dass das Gewinnen von Wettbewerben (Turnieren, Ligen, etc.) zentral für den eSports insgesamt ist.

2. **Sportlichkeit**
   Der eSports – und das sagt schon der Name – definiert sich auch anhand sportlicher Aspekte. Neben der Körperlichkeit sind dies Punkte wie Fairplay, Teamplay, Kommunikation, Spielziele, feste Regeln, Trainingspläne, Analysen (Gegner, Meta, Wettbewerbe, Bedingungen), Vorbereitung auf Spiele und Wettbewerbe, Ästhetik sowie vieles mehr.

Körperlichkeit? Richtig gelesen!

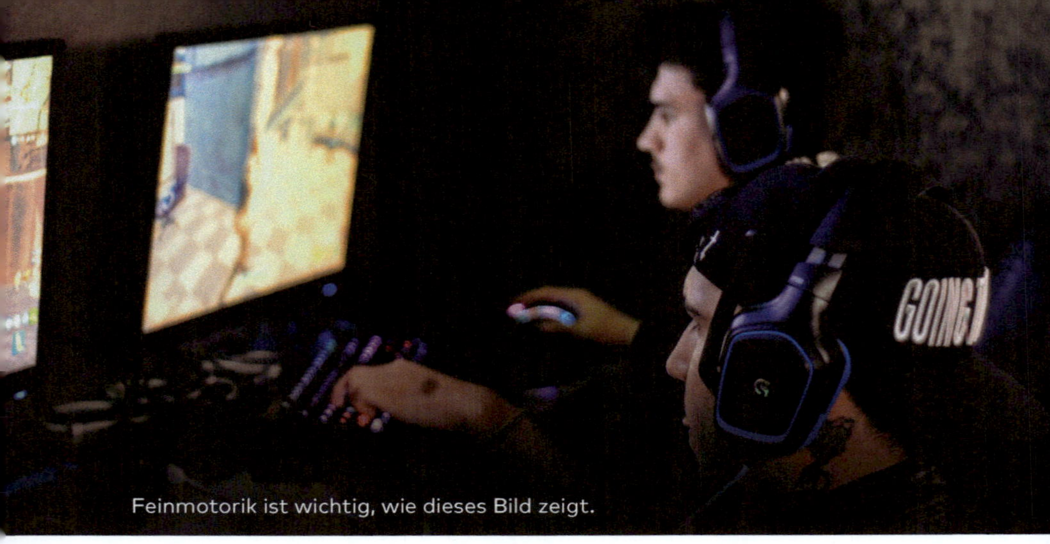
Feinmotorik ist wichtig, wie dieses Bild zeigt.

„Besonders die motorischen Ansprüche und Fähigkeiten haben uns beeindruckt. Die eSportler schaffen bis zu 400 Bewegungen pro Minute an Tastatur und Maus, vier Mal mehr als der Normalbürger! Das Ganze asymmetrisch, denn beide Hände werden parallel bewegt, es werden unterschiedliche Hirnregionen parallel genutzt." [3]

Das sagte Prof. Dr. Ingo Froböse von der Sporthochschule Köln im Hinblick auf die Ergebnisse einer Studie zum Thema eSports.

Die meisten gegenwärtigen eSports Titel sind Teamspiele. Daher ist im elektronischen Sport ein hohes Maß an Kommunikation und Teamplay essentiell. Wenn es beim eSports um Körperlichkeit und Wettbewerbsorientierung geht, was ist dann mit Gaming gemeint?

2.1 Unterscheidung Gaming und eSports

In Gesprächen mit Eltern, Vereinen, Schulen, Lehrern und anderen Personen fällt sehr häufig auf, dass Gaming und eSports miteinander vermengt werden. So steigen besorgte Eltern oft in Gespräche zum Thema eSports ein, indem sie von ihrem Kind sprechen, das jeden Tag zehn Stunden Fortnite „zocken" oder in League of Legends Unmengen an Geld ausgeben würde.

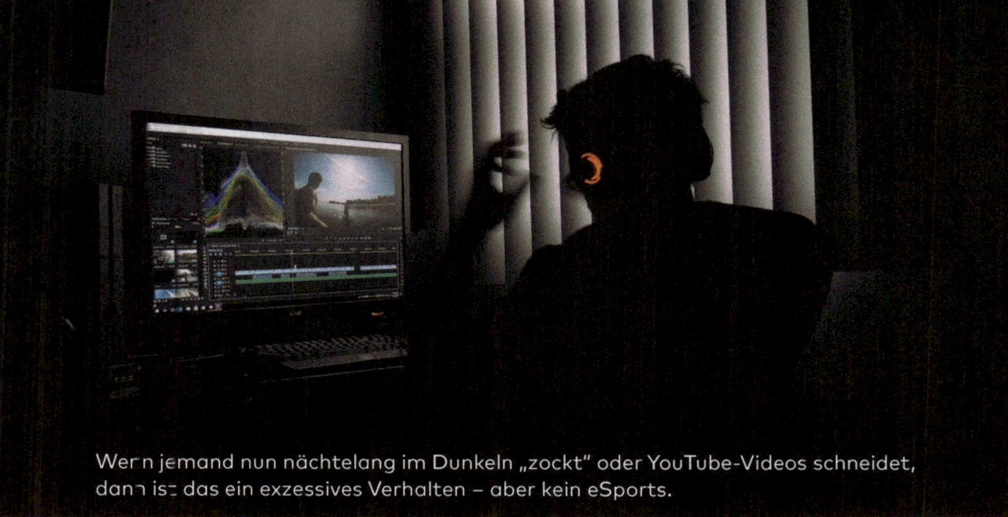

Wenn jemand nun nächtelang im Dunkeln „zockt" oder YouTube-Videos schneidet, dann ist das ein exzessives Verhalten – aber kein eSports.

Derlei Sorgen sind berechtigt und schädliches Verhalten muss insbesondere bei Kindern und Jugendlichen frühzeitig korrigiert werden. Allerdings hat das exzessive Spielen von Videogames oder das unkontrollierte Ausgeben von Geld nichts mit eSports zu tun.

Beim eSports geht es, wie zuvor erläutert, um Wettbewerbsorientierung und Sportlichkeit. Dementsprechend macht das eigentliche Spielen von Videogames nur einen Teil des Sports aus. Darüber hinaus sind Ausgleichssport, Analysen, Teambesprechungen, Vorbereitungen und viele weitere Aspekte und Tätigkeiten wichtig für den Erfolg, der gleichzeitig das Ziel darstellt. Dafür sind auch eine gesunde Ernährung und ein guter Schlafrhythmus unabdingbar.

Gaming beschreibt das schlichte Spielen – ohne Wettbewerb und Sportlichkeit. Hier sind durchaus Gefahren für Kinder und Jugendliche festzustellen, vor allem, wenn sie meinen durch dieses Verhalten eSports zu betreiben – was sie nicht tun. Jemand, der exzessiv spielt wird durch dieses Verhalten nicht besser. Im Gegenteil: Für den eSports wichtige Voraussetzungen, beispielsweise taktische und strategische Aspekte, Teamplay, Analysefähigkeiten und ein gesunder Körper, verkümmern durch ein „Zuviel" an Spielen. Daher ist es immer wieder wichtig und notwendig darauf hinzuweisen, dass Gaming und eSports nicht das Gleiche sind.

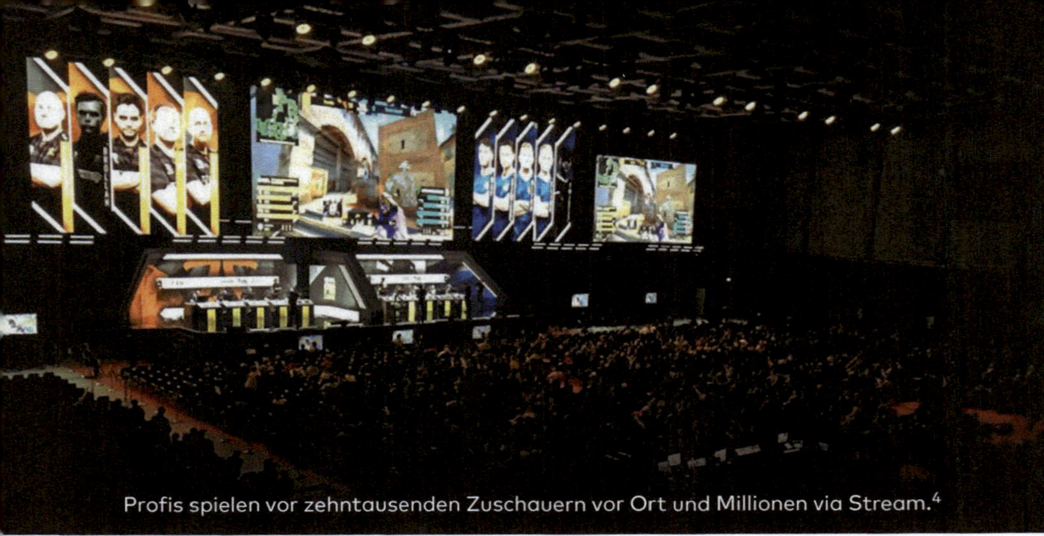

Profis spielen vor zehntausenden Zuschauern vor Ort und Millionen via Stream.[4]

2.2 Profisport

Profi-Spieler machen weniger als 0,5% aller eSportler aus. Die allermeisten Spieler verdienen mit ihrem Sport kein Geld, geschweige denn, dass sie davon leben können.

Die sogenannten „Pro Gamer" haben ein ähnliches Leben, wie internationale Stars aus traditionellen Sportarten, wobei der eSports noch ein ganzes Stück globaler ist. Wettbewerbe finden auf der ganzen Welt statt und Profi-eSportler sind sehr viel unterwegs. Das liegt auch daran, dass nationale Wettbewerbe im eSports vergleichsweise unbedeutend sind. Für eine deutsche Meisterschaft interessieren sich lange nicht so viele Zuschauer wie vergleichbar zum Fußball oder Handball. Vielmehr sind internationale Turniere und Ligen von Relevanz.

Das hängt auch damit zusammen, dass viele Teams sich aus Spielern unterschiedlicher Nationen zusammensetzen.

Wenn man Profi werden möchte, vor allem in Teamspielen, sind zwei grundsätzliche Fertigkeiten unabdingbar: Eine sehr hohe Reisebereitschaft und gute Englischkenntnisse.

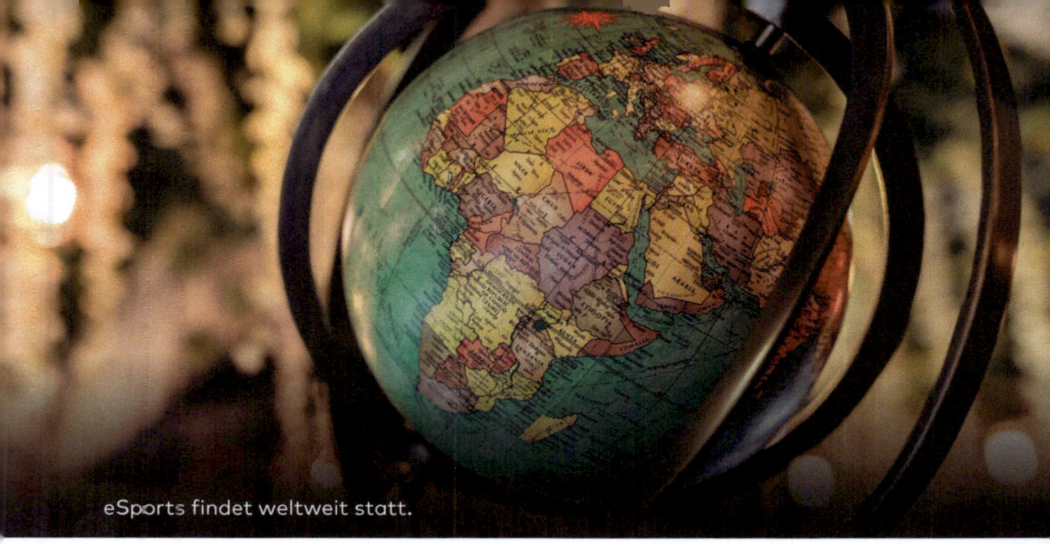
eSports findet weltweit statt.

Je nach Genre und Videogame kann es sein, dass Spieler innerhalb eines Monats vier Wettbewerbe in vier unterschiedlichen Ländern und auf drei verschiedenen Kontinenten spielen müssen. Das bedeutet, dass man gesund leben und viel schlafen muss. Ferner sollte man sich schnell von einem Jetlag erholen können.

Darüber hinaus müssen Profis bereit dafür sein, dass sie ihre Familien und Freunde teilweise über Wochen hinweg nicht sehen werden. Manchmal auch über Monate, denn viele Profiorganisationen unterhalten eigene Teamhäuser und Leistungszentren, in denen die eigenen Spieler leben und trainieren – oft weit weg von zuhause oder gar dem eigenen Heimatland.

Um eSports-Profi zu sein bedarf es also mehr, als Talent, hartem Training und einem unbedingten Willen.

2.3 Breitensport

Circa 99,5% aller eSportler sind im Breiten- und Amateursport unterwegs. Das bedeutet, dass sie wettbewerbsorientiert und unter sportlichen Aspekten spielen, damit aber kein oder nur sehr wenig Geld verdienen.

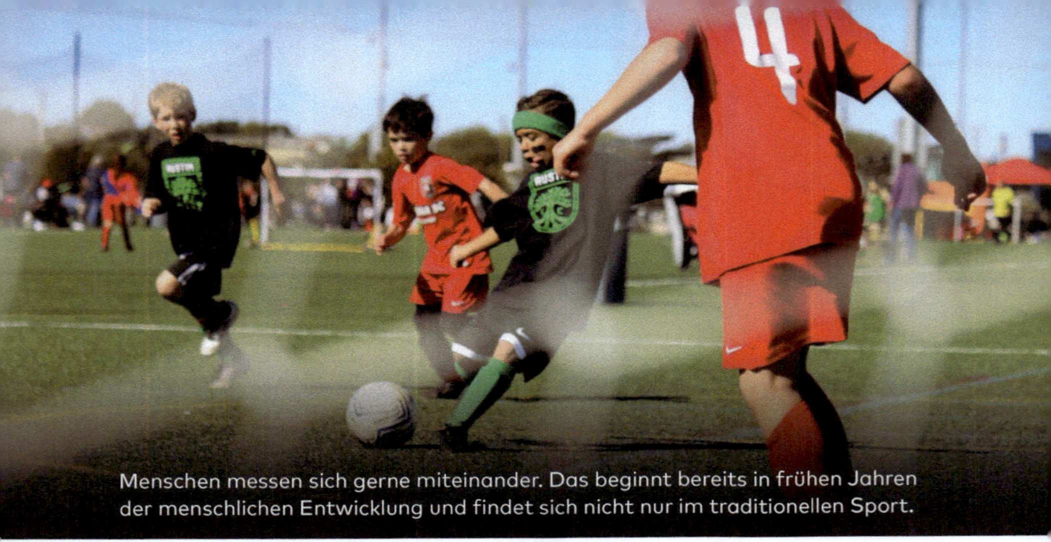

Menschen messen sich gerne miteinander. Das beginnt bereits in frühen Jahren der menschlichen Entwicklung und findet sich nicht nur im traditionellen Sport.

Seit einigen Jahren organisieren sich Breiten-eSports-Organisationen in festen Strukturen, vor allem in eingetragenen Vereinen (e.V.). Diese bieten ihren Spielern nicht nur die Möglichkeit zu umfassenden und ganzheitlichen Trainings, sondern sie treiben die gesellschaftliche und politische Aufklärung hinsichtlich des eSports maßgeblich voran. Solche Vereine interagieren mit unterschiedlichen Institutionen, Organisationen und Einrichtungen, um das Thema eSports positiv in der Gesellschaft zu platzieren.

Viele dieser Vereine haben eigene Räumlichkeiten in Form von Vereinsheimen und/oder Leistungszentren geschaffen. Diese fungieren als Sozialisierungspunkt für ihre Mitglieder, Anlaufstelle für Interessierte und Standort zur Erfüllung der Vereinsaufgaben. Ein positives Beispiel ist hier auch die Verquickung von Breiten- und Profisport zur Nutzung gegenseitiger Synergieeffekte, wie der eSports Nord e.V. und PENTA es mittels ihrer Kooperation leben.

Breitensportvereine nehmen im eSports darüber hinaus Aufgaben wahr, die der Gesellschaft insgesamt zugutekommen. Zu nennen sind hier die Vermittlung von Medienkompetenzen, Suchtprävention bei Kindern und Jugendlichen und Kooperationen mit traditionellen Sportvereinen, um Synergien nutzbar zu machen.

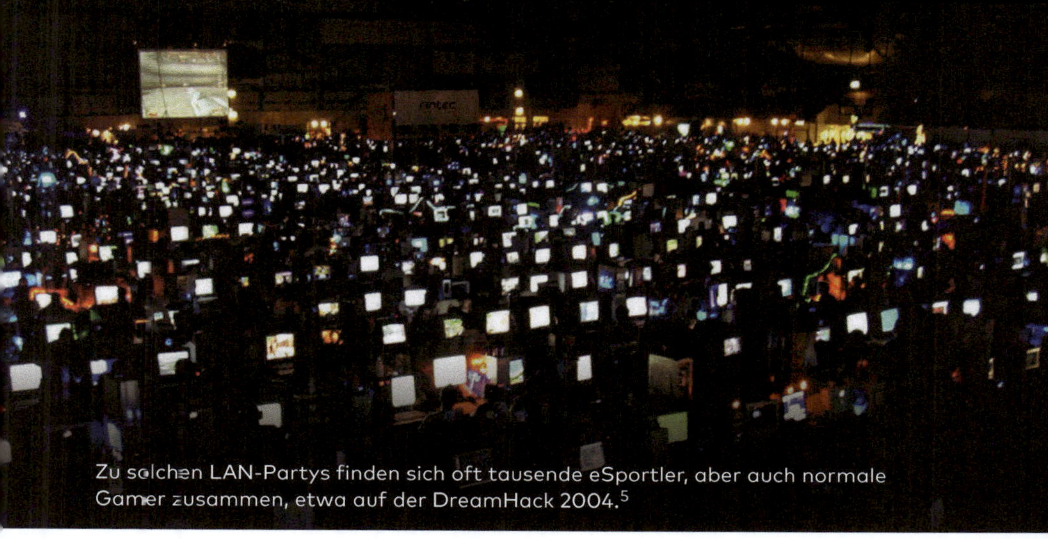

Zu solchen LAN-Partys finden sich oft tausende eSportler, aber auch normale Gamer zusammen, etwa auf der DreamHack 2004.[5]

3. Die Geschichte des eSports

Ein kurzer Überblick

Beim sportlichen Wettkampf mittels digitaler Medien könnte man historisch sehr früh ansetzen, weil sich Menschen grundsätzlich gerne miteinander messen. Man könnte beim Spiel Pong aus dem Jahre 1972 beginnen, einer Art virtuellem Tischtennis, bei dem der Wettkampf zwischen zwei Spielern bereits durch das Spielprinzip vordefiniert worden ist.

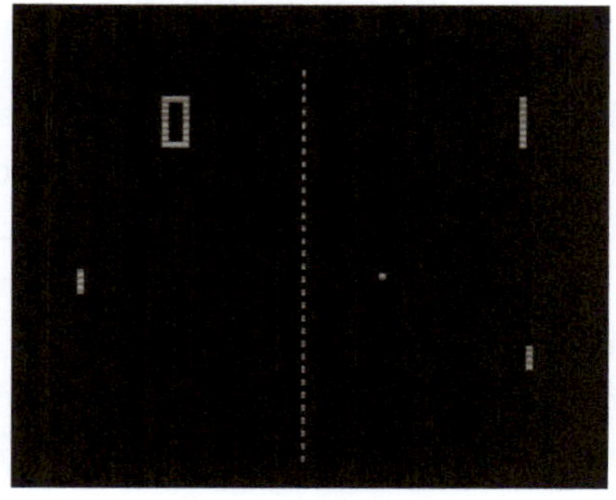

i So sieht das Spiel Pong aus dem Jahre 1972 aus.[6]

Ein anderer Ansatzpunkt wären die Highscore-Listen, wie man sie von Spieleautomaten kennt. Auch hier haben sich Spieler indirekt miteinander gemessen, indem jeder versucht hat, auf einem bestimmten Gerät der Beste zu sein – in der eigenen Nachbarschaft, Wohngegend oder einer bestimmten Lokalität.

Historisch gesehen wären diese und andere Stellen der Geschichtswerdung des eSports durchaus richtig. Für den modernen eSports greifen diese Entwicklungen aber zu früh. eSports, wie wir ihn heute verstehen gibt es seit Mitte der 1990er-Jahre.

Wichtige Meilensteine des internationalen eSports:

- Die Karriere des Shooter-Spielers Johnathan Wendel, genannt Fatal1ty. Der US-Amerikaner gilt als erster „echter" eSports-Profi der Geschichte. Ab 1999 gehörte er in unterschiedlichen Spielen zu den besten eSportlern seiner Zeit.
- Die Gründung des südkoreanischen eSports Verbandes Korean e-Sports Association (KeSPA) im Jahre 2000. Hierdurch wurden in Südkorea früh Rahmenbedingungen mitsamt einer Infrastruktur geschaffen, die noch heute als weltweite Referenz gelten.
- Die Gründung der DreamHack, einer LAN-Party, die heute auch als Turnierserie fungiert.[7]

LAN-Partys waren in den frühen Phasen des modernen eSports auch im Breitensport von besonderer Relevanz, weil es kaum Breitband-Internet gab. Auch Deutschland hat wichtige Schritte in der „Evolution" des eSports vorangetrieben. Im Jahre 2000 wurde die Electronic Sports League (ESL) gegründet, die heute der weltweit größte Veranstalter von eSports-Wettbewerben ist. Auch viele eSports-Mannschaften, Clans genannt, sind in Deutschland entstanden und zählen teilweise noch heute zur internationalen Spitze, etwa SK Gaming (1997), mousesports (2002) und PENTA (2013).

Durch die Schaffung von Strukturen sowie dem Aufbau eines ökonomischen Systems, das in weiten Teilen dem traditionellen Profisport ähnelt, vermochte es der eSports exponentiell zu wachsen. Teilweise allerdings mit großen geographischen Unterschieden. In Südkorea und China etwa ist eSports Volkssport, während Länder wie Deutschland an vielen Stellen noch hinterherlaufen, beispielsweise aufgrund kritischer Denkmuster bei vielen Entscheidungsträgern.

Wichtig beim Verständnis des eSports ist auch seine umgekehrte Evolution, wenn man ihn mit traditionellen Sportarten vergleicht.

Während im klassischen Sport zumeist aus einer großen Basis an Breitensportlern eine kleine Elite Profisportler erwachsen ist, ist diese Entwicklung im eSports genau umgekehrt gewesen. Die ersten modernen eSportler waren Profispieler. Auf Basis dieser Profis, früher „Pro Gamer" genannt, hat sich nach und nach eine Breitensportszene herausgebildet, die inzwischen um ein Vielfaches größer ist als ihr professioneller Ursprung.

4. eSports in Zahlen

Status Quo 2020

Das Wachstum des eSports, gerade in den letzten Jahren, war enorm. Sehr interessante Einblicke liefert hierzu die Studie „Fokus eSports" vom game-Verband.

Von 2017 auf 2018 hat sich die Bekanntheit des eSports in Deutschland von 55% auf 65% der Internetnutzer gesteigert.[8] Jeder fünfte Deutsche hat sich bereits einmal ein eSports-Match angeschaut, das entspricht in absoluten Zahlen rund 13 Millionen Menschen.[9]

Auch ein Blick auf das ökonomische System des eSports ist interessant. Die Erlösquellen weltweit beliefen sich in Summe im Jahr 2018 auf 800 Millionen Euro, der größte Brocken ist mit knapp 318 Millionen Euro das Sponsoring, gefolgt von Werbung (153,5 Millionen) und Medienrechten (141,9 Millionen).[10]

Die Parallelen zum klassischen Profisport sind offenkundig, der sich über ähnliche Kanäle finanziert. Bis zum Jahr 2021, also nächstes Jahr, wird mit einem weltweiten eSports-Markt gerechnet, der rund 1,457 Milliarden Euro entsprechen soll.[11] Das wäre fast eine Verdoppelung des Marktes innerhalb von drei bis vier Jahren.

Die Zahlen zum Breitensport lesen sich ähnlich positiv. 10 Millionen Gamer (also nicht nur eSportler) können sich vorstellen, sich in einem eSports-Verein zu engagieren und 63% der jungen Menschen in Deutschland sind der Überzeugung, dass eSports den Olympischen Spielen zu mehr Zuschauern verhelfen könnte.[12]

Konkret haben bereits 9% aller Videospieler in Deutschland an mindestens einem eSports-Wettbewerb teilgenommen.[13]

Sowohl Profi- als auch Breitensport wachsen weiterhin mit einer enormen Geschwindigkeit.

5. Die wichtigsten Genres

Genres sind die Kategorien, denen sich die einzelnen Videospiele, im eSports auch Disziplinen genannt, zuordnen lassen.

Grundsätzlich sind die vorhandenen eSports-Genres die folgenden:

- **Multiplayer Online Battle Arena (MOBA)**
- **First-Person Shooter (FPS)**
- **Echtzeitstrategiespiele (Real-Time Strategy, RTS)**
- **Battle Royale**
- **Sportsimulationen**
- **Rennspiele**
- **Fighting Games (Prügelspiele)**
- **Massively Multiplayer Online Games (MMO)**
- **Sammelkartenspiele**
- **Rollenspiele**

Am wichtigsten sind, vor allem international, die MOBA-, FPS-, RTS- und Battle Royale-Spiele, wobei FPS-Titel vor allem aufgrund der Taktikshooter von Relevanz sind. Das gilt nicht nur für den Status Quo, sondern auch für historische Prozesse. In Deutschland gelten Sportsimulationen, etwa das Fußballvideospiel FIFA, als wichtig.

Das liegt zum einen daran, dass Fußball als klassischer Sport in Deutschland eine herausragende Stellung hat, zum anderen aber auch daran, dass die Hürden zwischen eSports als Sport und traditionellem Sport bei zum Beispiel FIFA geringer sind, als bei anderen Videospielen. Schließlich bilden Videospiele wie FIFA Sport auf dem Bildschirm ab.

Dennoch bleibt festzuhalten, dass Sportsimulationen zwar ein wichtiges, aber mitnichten eines der wichtigsten Genres im eSports sind – auch auf Deutschland gemünzt nicht. In Sachen Spielerbasis, ausgeschütteten Preisgeldern und der allgemeinen Struktur spielen andere Genres da eine wesentlich gewichtigere Rolle.

Im Folgenden werden die wichtigsten eSports-Genres erläutert und grob erklärt, damit sich Menschen, die bisher keinen oder kaum einen Bezug zu Videospielen im Allgemeinen und dem eSports im Speziellen gehabt haben, ein grobes Bild machen können. Es ist aber bitte zu beachten, dass eSports-Genres weit mehr Inhalte aufweisen, als die hier erläuterten Kurzportraits.

5.1 Multiplayer Online Battle Arena (MOBA)

Ein MOBA ist ein Videospiel, bei dem drei Aspekte über Sieg und Niederlage entscheiden:

- **Die richtige Strategie**
- **Taktisches Vorgehen**
- **Teamplay**

Gespielt wird in der Regel im Modus 5-gegen-5. Es existieren aber auch MOBAs, die in anderen Modi gespielt werden, etwa im 3-gegen-3.

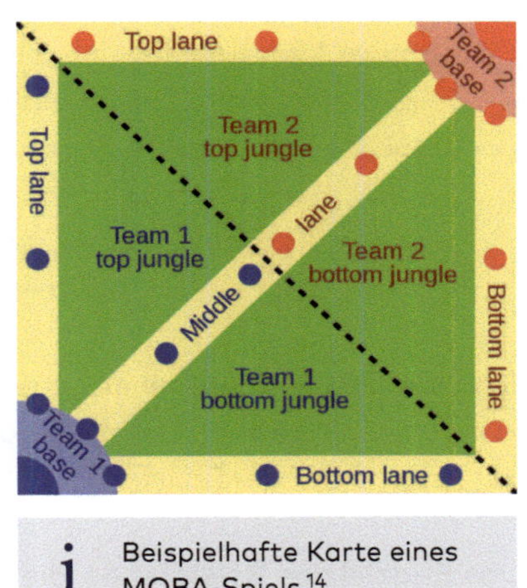

Beispielhafte Karte eines MOBA-Spiels.[14]

Die Teams müssen versuchen über die drei Lanes (oben, mittig, unten) verschiedene Ziele auszuschalten, etwa Türme, die in einem bestimmten Radius auf das Gegnerteam feuern. Darüber hinaus laufen auf den Lanes computergesteuerte Gegner in gerader Linie, die ausgeschaltet werden müssen, um Schaden vom eigenen Turm abzuwenden. Durch das Ausschalten dieser Gegner (oder menschlicher Gegenspieler) erhält der Spieler Gold und Erfahrungspunkte.

Für das Gold kann er sich Gegenstände kaufen, die die eigene Spielfigur stärker machen. Die Erfahrungspunkte schalten neue Fähigkeiten frei oder stärken diese.

Spielfiguren verfügen über unterschiedliche Fähigkeiten und Rollen, die ihnen im Spiel zugewiesen werden. Einige sind zum Beispiel Magier, die aus der Ferne Schaden verursachen, andere Beschützer, die das eigene Team unterstützen.

Zwischen den Lanes existiert der sogenannte Jungle. Hier liegen Buffs, also Objekte, die eine Spielfigur für einen bestimmten Zeitraum stärken, sie also schneller machen oder mehr Schaden verursachen lassen. Bei den meisten MOBA-Spielen ist die Aufteilung des Teams wie folgt:

- **1 Spieler kümmert sich um die mittlere Lane.**
- **1 Spieler bespielt eine Lane alleine.**
- **2 Spieler sind zusammen auf einer Lane.**
- **1 Spieler sorgt sich um den Jungle, stellt Buffs für die Mitspieler bereit und gankt die Lanes, was bedeutet, dass er versucht Gegenspieler zu eliminieren oder die Lane anderweitig zu unterstützen.**

Sind die drei Ziele auf einer Lane eliminiert, so ist die Basis des Gegnerteams angreifbar. Je mehr Lanes frei sind, desto einfacher wird der Angriff auf die Basis.

Das Endziel des Spiels ist es, die gegnerische Basis zu zerstören.

5.2 Echtzeitstrategiespiele (RTS)

Im frühen eSports waren RTS-Spiele eines der wichtigsten Genres, zusammen mit den Taktik- und den Arenashootern. So fanden sich RTS-Turniere bei fast allen großen Wettbewerben weltweit. Inzwischen hat das Genre im eSports etwas an Boden verloren, nicht zuletzt aufgrund der MOBAs.

RTS-Spiele werden aus einem der Vogelperspektive ähnlichen Blickwinkel gespielt. Bei den meisten RTS-Spielen geht es darum mithilfe von erwirtschafteten Ressourcen eine Basis aufzubauen und eine Armee auszuheben.

Dabei treffen zumeist zwei Gegenspieler aufeinander, es gibt aber auch Varianten, in denen mehrere Spieler Teams bilden oder jeder gegen jeden kämpft. Die Basis des Gegenspielers ist dabei das Ziel der eigenen Bemühungen. Um das Spiel zu gewinnen, muss die gegnerische Basis vollkommen zerstört werden.

Ein weiteres Element in RTS-Spielen ist eine eingeschränkte Sicht auf die Karte. Hierdurch ist es wichtig, zu scouten (erkunden), um Feindbewegungen und die Strategie des Gegenübers rechtzeitig zu ermitteln. Die Grafik unten links veranschaulicht diesen Aspekt.[15]

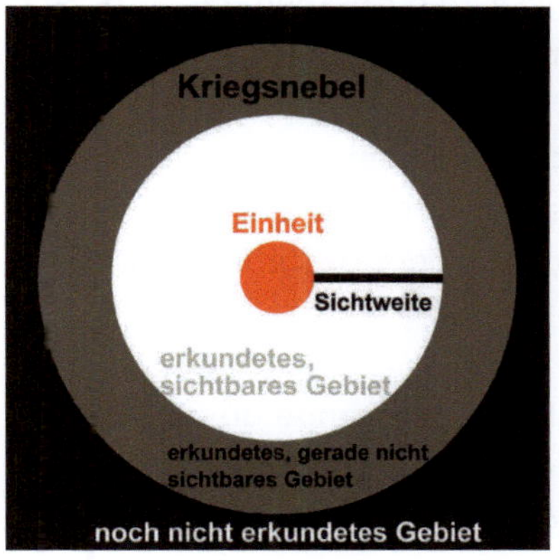

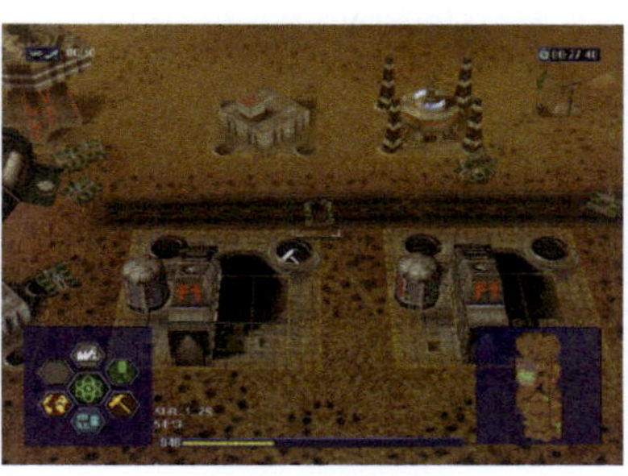

Ein Blick auf die Gegnerbasis in einem RTS.[16]

5.3 Taktikshooter

Vermutlich das in der Gesellschaft umstrittenste Genre, zumindest in Deutschland: Die Taktikshooter.

Taktikshooter sind ein Untergenre der FPS-Spiele, werden also aus der Egoperspektive, der Ich-Sicht gespielt.

Besondere Bedeutung haben bei Taktikshootern neben der namensgebenden Taktik vor allem Teamplay, Kommunikation und auch die Fähigkeit zu zielen sowie die Reaktionsgeschwindigkeit.

Das Ziel bei einem Taktikshooter ist es primär nicht die Gegenspieler zu töten, sondern bestimmte Ziele zu erreichen beziehungsweise die Erreichung eines Ziels vom Gegenteam zu verhindern. Das kann beispielsweise sein, dass Team A eine Bombe an den Plätzen Y und Z legen muss. Team B muss dies verhindern. Taktikshooter werden in unterschiedlichen Teamgrößen gespielt. Der bekannteste Vertreter ist Counter-Strike inklusive Nachfolgern. Hier werden Partien im 5-gegen-5 ausgetragen.

5.4 Battle Royale Spiele

Das Battle Royale Genre ist das jüngste im modernen eSports. Erst seit 2017 ist es für den elektronischen Sport relevant.

Bei diesem Genre landen Spieler, zumeist alleine oder in Zweierteams, gemeinsam mit vielen Gegenspielern, die ebenfalls alleine oder in Zweierteams unterwegs sind, in einem bestimmten Gebiet, etwa einer Insel.

In diesem Gebiet sind unterschiedliche Gegenstände an zufällig generierten Stellen vorhanden. Derlei Gegenstände können Waffen, Heilspritzen, Rüstung, Munition und anderes sein.

Das Gebiet wird in bestimmten Zeitintervallen verkleinert, indem ein giftiger Nebel das Gebiet immer weiter einengt.

Hierdurch werden die Kämpfe gegen Ende einer Runde deutlich intensiver, weil sich das begehbare Gebiet, in dem sich die Spieler bewegen können, stetig verkleinert.

Ziel ist es, als letzter Spieler beziehungsweise als letztes Team übrig zu bleiben, nachdem alle anderen Teams eliminiert worden sind.

Das Battle Royale Genre ist im eSports sehr umstritten, weil der Zufallsfaktor einen großen Einfluss auf den Ausgang einer Partie hat. Schließlich ist es Zufall, welche Gegenstände sich am Landepunkt eines Spielers befinden. So kann es sein, dass ein Spieler mit schlechteren Fähigkeiten und Fertigkeiten (Skill) gegen einen besseren Spieler am Anfang gewinnt, weil er selbst eine Pistole gefunden hat, während sein Gegenüber mit einer Spitzhacke unterwegs ist.

6. Die wichtigsten Spiele

Es existieren Videospiele, die aufgrund ihrer Historie und/oder ihrer gegenwärtigen Stellung eine besondere Bedeutung für den eSports insgesamt haben.

Indikatoren für den Status eines Spiels im eSports sind die Größe der Spielerbasis, die Anzahl nennenswerter Wettbewerbe, das im mikroökonomischen eSports-System des Spiels vorhandene Geld, die Höhe der ausgeschütteten Preisgelder, die Größe der zum Spiel gehörenden Community und die allgemeine Aufmerksamkeit, die das Spiel erhält.

Im Folgenden werden die Videospiele aufgezählt, die vor allem im Jahr 2020 eine hohe Relevanz für den eSports haben, weil sie eine herausragende Position einnehmen – und das in mehreren der genannten Indikatoren.

6.1 League of Legends (LoL)

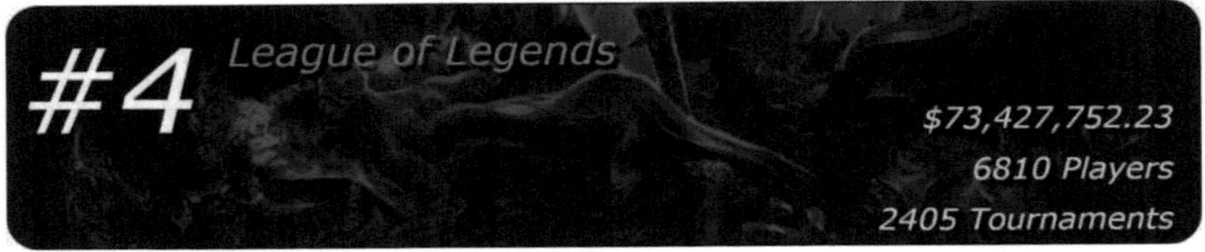

LoL gehört zu den MOBA-Spielen und hat die MOBAs insgesamt erst auf die eSports-Landkarte gesetzt.

Bevor LoL im Jahre 2009 erschienen war, existierten MOBAs nur als Modifikation (Mod) des RTS-Spiels Warcraft III.

Gemäß der Seite Esports Earnings befand sich League of Legends im Dezember 2019 auf Platz 4 der wichtigsten eSports-Spiele, wobei die Wichtigkeit einer Disziplin sich auf dieser Webseite nur an der Summe der ausgeschütteten Preisgelder orientiert.[17]

Insgesamt ist die Relevanz des Titels deutlich höher zu bewerten. Ich persönlich würde LoL klar auf Platz 1 setzen. Einerseits, weil die Spielerbasis im Breitensport riesig ist (Profispieler gibt es knapp 6.800). Andererseits, weil es ohne LoL vermutlich keinen durchschlagenden Erfolg des heute mit Abstand wichtigsten eSports-Genres, der MOBA-Spiele gegeben hätte.

Darüber hinaus hat Riot Games, also der Hersteller des Spiels, den eSports in Sachen Vermarktung und Eventmanagement auf eine neue Stufe gehoben. Für die LoL-Weltmeisterschaften wird beispielsweise jedes Jahr eigens ein Song geschrieben und eingespielt.

Diese Songs weisen auch außerhalb des Spiels große Erfolge auf, was zeigt, dass Riot Games das Vermarktungshandwerk versteht. Dieses Know-How lässt der Spielehersteller sehr sinnvoll in die Vermarktung der eigenen Wettbewerbe einfließen.

6.2 Dota 2

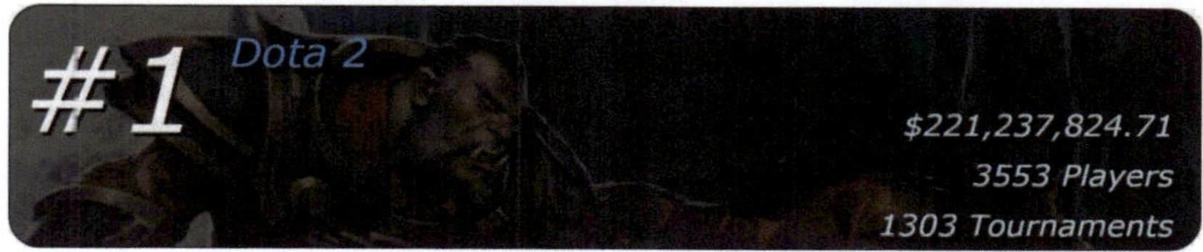

In Sachen ausgeschütteter Preisgelder ist Dota 2 klar auf dem ersten Platz aller eSports-Titel.[18]

Das liegt vor allem daran, dass in dem zum MOBA-Genre gehörenden Spiel das „The International" ausgetragen wird.[19]

In der Turnierreihe wird jedes Jahr ein Rekord bei der Höhe des ausgeschütteten Preisgeldes aufgestellt, wenn es um ein einzelnes Turnierereignis geht.

Largest Prize Pools

	Tournament Name	Prize Money
1.	» The International 2019	$34,330,069.00
2.	» The International 2018	$25,532,177.00
3.	» The International 2017	$24,687,919.00
4.	» The International 2016	$20,770,460.00
5.	» The International 2015	$18,429,613.05
6.	» The International 2014	$10,931,103.00

Ansonsten ist Dota 2 in weiten Teilen ein klassisches MOBA-Spiel und der inoffizielle Nachfolger der Warcraft III Mod „Defense of the Ancients" (DotA), dem ersten Spiel, das als MOBA bezeichnet werden kann.

In Deutschland erfreut sich Dota 2 bei Wettbewerben einer großen Beliebtheit, mit mehreren Events pro Jahr. Auch solchen, die als Großevents zu werten sind. Man denke hier an die ESL One Turniere in Hamburg und Frankfurt (Main).

In Sachen Spielerbasis erfreut sich der Titel aber lange nicht einer so großen Beliebtheit wie LoL.

6.3 StarCraft II

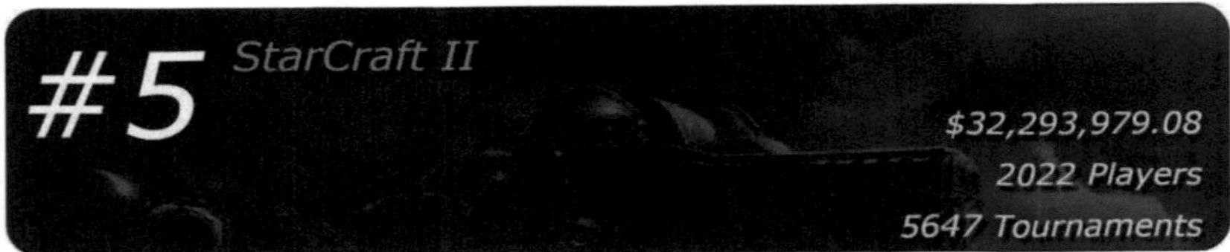

Der erste Teil der StarCraft-Reihe kann als „Mutter aller RTS-Spiele" im eSports gesehen werden. StarCraft II konnte nicht an den durchschlagenden Erfolg des Vorgängers anknüpfen, gilt gegenwärtig aber dennoch als wichtigster RTS-Titel.

Dazu muss erwähnt werden, dass das RTS-Genre insgesamt an Relevanz verloren hat. Früher waren das RTS-Genre und Taktikshooter die wichtigsten Bereiche im eSports. Die RTS-Spiele sind inzwischen weitgehend durch die MOBAs verdrängt worden.

StarCraft II ist ein RTS-Spiel mit einem Science-Fiction Setting, in dem drei Rassen (Terraner/Menschen, Zerg und Protoss) aufeinandertreffen.

Für den eSports war die StarCraft-Reihe auch vor allem deshalb immer wichtig, weil es keine anderen RTS-Spiele gibt, bei denen das Balancing zwischen den Fraktionen derartig gut wäre. Jede Fraktion kann gegen jede Fraktion gewinnen und ist grundsätzlich ähnlich stark, verfügt aber über sehr individuelle Stärken und Schwächen. Blizzard Entertainment, der Hersteller des Spiels, gilt im eSports als Referenz in Sachen Balancing. Viele Spiele des Herstellers verfügen über ausgezeichnete eSports-Eigenschaften. StarCraft II ist sogar extra für den eSports entwickelt worden.

In StarCraft II gibt es gut 2.000 professionelle Spieler, die rund 32 Millionen US-Dollar an Preisgeldern gewonnen haben, was das Spiel diesbezüglich auf Platz 5 der eSports-Disziplinen setzt.[20]

6.4 Counter-Strike: Global Offensive

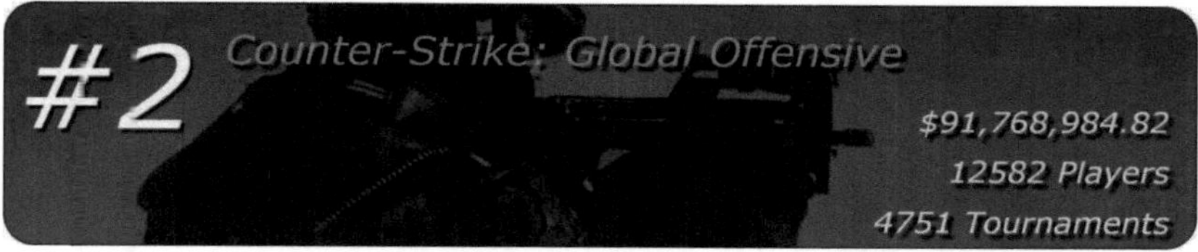

Wenn StarCraft (Teil 1) die Mutter aller RTS-Spiele im eSports ist, dann hat Counter-Strike in seiner Urversion diesen Status für die Taktikshooter. Ursprünglich 1999 mit den Betas erschienen, hat Counter-Strike den eSports seither definiert wie kaum ein anderes Spiel. Counter-Strike: Global Offensive (2012, CS:GO) ist der aktuellste Vertreter der Reihe und ist für den eSports zusammen mit LoL das relevanteste Spiel überhaupt.

In keinem anderen Spiel gibt es mehr professionelle Spieler als in CS:GO, nämlich über 12.000. In Sachen ausgeschütteter Preisgeld liegt das Spiel hinter Dota 2 auf dem zweiten Platz.[21]

Gespielt wird in CS:GO im Modus 5-gegen-5. Für den eSports relevant ist nur die Spielart, in der die eine Fraktion versucht eine Bombe an einem von zwei Plätzen zu platzieren. Die andere Fraktion muss dies verhindern. Nach 15 Runden werden die Seiten gewechselt. Wer zuerst 16 Runden für sich entscheiden konnte, gewinnt die Partie oder holt je nach Modus (Best-of-3, Best-of-5) einen Punkt.

In Sachen Breitensport gehört CS:GO zu den wichtigsten Spielen. Es gibt kein anderes Spiel, das auf der größten Spieleplattform der Welt (Steam) mehr gespielt werden würde. Steam gehört zum CS:GO-Herstellers Valve. Die meisten Online-Partien in CS:GO werden mittels des im Spiel implementierten Wettkampfmodus' ausgespielt. Es ist auch möglich, sich solche Partien direkt über das Spiel anzuschauen und so seine Freunde anzufeuern.

6.5 Overwatch

Overwatch ist ein Teamshooter, der Aspekte vielerlei Genres vereint. So findet sich das aus den MOBAs bekannte Klassensystem im Spiel.

Blizzard Entertainment als Hersteller von Overwatch hat eine globale Overwatch-Liga eingeführt, die ähnlich funktioniert, wie die Franchise-Systeme im US-amerikanischen Sport. Das ist in dieser Form bei den größeren eSports-Titeln einmalig und stellt einen neuen Versuch im Hinblick auf Wettbewerbssysteme im eSports dar. Darüber hinaus erfreut sich Overwatch auch im Breitensport einer großen Beliebtheit.

6.6 Fortnite

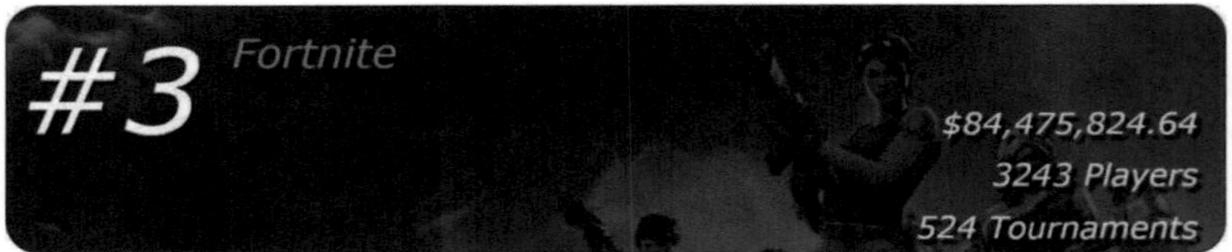

Fortnite ist ein Battle Royale Spiel und es ist vor allem bei jüngeren Menschen sehr beliebt. Das mag auch daran liegen, dass das Spiel eine sehr bunte Zeichentrickgrafik hat. Die Fortnite-Weltmeisterschaft von 2019 war eine Serie von Turnieren, die in Summe so viel Geld ausgeschüttet hat wie kein Wettbewerb zuvor und danach. Dies katapultierte Fortnite in Sachen ausgeschütteter Preisgelder auf Platz 3 der eSports-Titel.[22]

In der eSports-Szene ist das Spiel hochumstritten, weil der Zufallsfaktor bei Battle Royale-Spielen sehr hoch ist. Viele eSportler, Autoren, Forscher und andere Personen sehen Fortnite nicht als eSports-Titel, weil durch den hohen Anteil des Zufallsfaktors die Wettbewerbsorientierung ausgehöhlt wird.

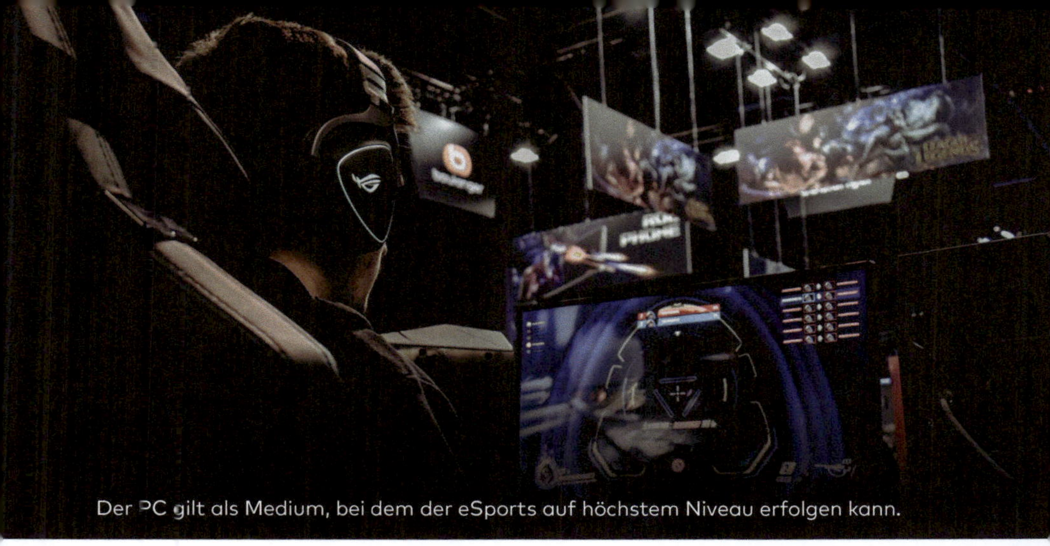

Der PC gilt als Medium, bei dem der eSports auf höchstem Niveau erfolgen kann.

7. Plattformen

Nicht nur in Sachen Genres und Disziplinen könnte man eSports mit der Leichtathletik vergleichen: „Vieles unter einem Dach", sondern auch in Sachen Plattformen respektive Sportgeräten.

Es finden sich auch internationale Verwerfungen. In Europa ist der Computer die wichtigste Plattform, in den USA sind es die Konsolen und in Asien, vor allem China wächst der Mobile-eSports enorm.

7.1 PC / Computer

Von den fünf wichtigsten eSports-Titeln finden vier ausschließlich auf dem PC statt.

Das liegt vor allem daran, dass am Computer mit Maus und Tastatur gespielt wird. Hierdurch sind vielerlei sehr präzise Aktionen pro Minute möglich. MOBAs und RTS-Spiele sind beispielsweise ohne Maus quasi unspielbar, wenn man auf höchstem Level unterwegs sein möchte. Auch Shooter lassen sich mit einer Maus präziser steuern, vor allem hinsichtlich des Zielens.

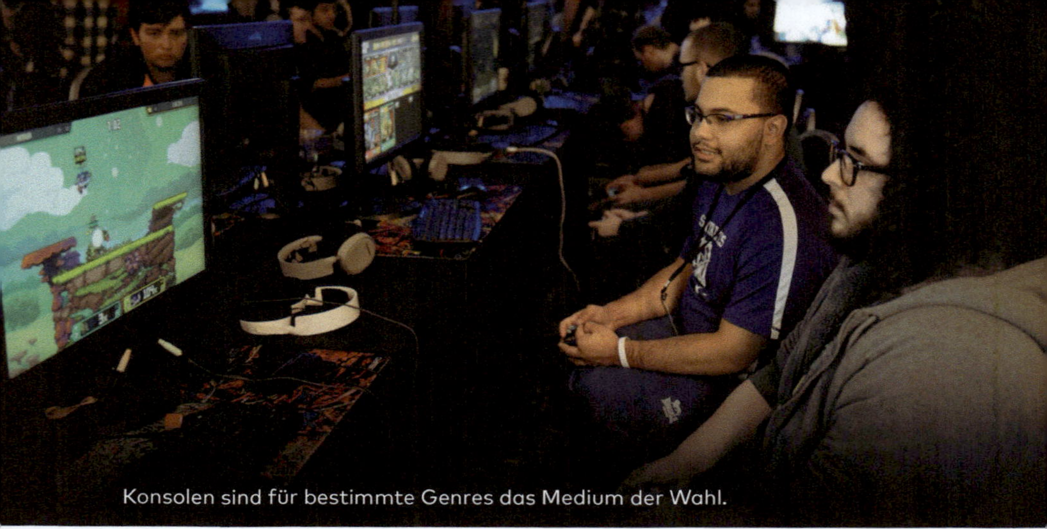
Konsolen sind für bestimmte Genres das Medium der Wahl.

7.2 Konsolen

Genres, die fast ausschließlich auf Konsolen gespielt werden, sind etwa Sportsimulationen und Kampfspiele. Hier erweisen sich Controller als besseres Bedienelement als Maus und Tastatur, weil keine feinmotorisch höchstpräzisen Bewegungen erfolgen müssen.

Darüber hinaus sind weniger Hotkeys, also Tastenbefehle, erforderlich als bei anderen Genres. Auch die sonstigen Spielmechaniken machen einen Controller zum sinnvollen Instrument bei diesen Genres.

Die wichtigsten eSports-Konsolen sind die Playstation, die Xbox und die Switch – und zwar in dieser Reihenfolge, wobei die Xbox mit der Halo-Reihe (FPS) einen der wichtigsten Exklusivtitel im eSports hat, wenn es um die jeweils aktuellste Version der Reihe geht.

7.3 Mobile und Handhelds

Der mobile eSports findet vor allem auf Smartphones statt. eSports auf dem Smartphone erfreut sich vor allem im asiatischen Raum einer großen Beliebtheit.

Dies ist häufig der Tatsache geschuldet, dass Smartphones günstiger sind als Konsolen und Computer, wodurch Menschen kaum finanzielle Hürden haben, um am Mobile eSports zu partizipieren. Auf den anderen beiden großen eSports-Kontinenten Europa und Nordamerika spielt der Mobile eSports aber eine sehr untergeordnete Rolle. Vielerlei Hersteller liefern Mobile-Versionen ihrer Spiele, die im eSports relevant sind. Zu nennen ist hier zum Beispiel das Battle Royale Spiel PlayerUnknown's Battlegrounds (PUBG).

8. Strukturen

Die Strukturen im eSports stehen dem klassischen Sport an vielen Stellen in nichts nach. Dabei finden sich vor allem Clans und Veranstalter von Wettbewerben bereits seit Mitte der 1990er Jahre auch in Deutschland.

8.1 Clans

Als Clan bezeichnet man eine eSports-Mannschaft, vergleichbar mit einem Verein aus dem klassischen Sport. Anfangs waren Clans eher lose Strukturen, in denen sich Spieler und Teams versammelt hatten. Eine feste Bindung von Spielern an Clans war eher selten vorhanden, die Zugehörigkeit zu einem Clan war häufig eher emotional getrieben. So gründeten viele Freunde miteinander Clans.

Nach und nach entstand eSports, auch aus den Clans heraus. Eine Profiszene bildete sich, Clans bekamen oft offizielle Gesellschaftsformen. Auch alte Clans organisierten sich neu, so wurde der Clan OCRANA (Gründung 1996) etwa zur GmbH.

Auch heutzutage werden große eSports-Organisationen und auch kleine Amateurmannschaften als Clans bezeichnet. Gerade im Breitensport finden sich aber immer mehr eingetragene Vereine, die strukturell an vielen Stellen anders funktionieren als Clans.

8.2 Vereine

Die meisten Vereine in Deutschland sind im Breitensport unterwegs. Ging es bei Clans vorwiegend nur um das Spielen und den praktisch ausgeführten eSports, nehmen Vereine viele weitere Aufgaben wahr:

- **Aufklärung und Beratung**
- **Vermittlung von Medienkompetenzen**
- **Suchtprävention**
- **Organisieren von Events**
- **Veranstalten von LAN-Partys**
- **Jugendarbeit**
- **Politische Lobbyarbeit**

In Deutschland sind vor allem Breitensport-Vereine der Motor, der den eSports immer weiter in die Gesellschaft trägt. Ein Ziel der Breitensport-Vereine ist es darüber hinaus, den eSports zu sozialisieren, also die Spieler aus ihren Zimmern hinaus ins Vereinsleben zu holen.

8.3 Verbände

Verbände sind im eSports im Vergleich zum traditionellen Sport von eher geringer Relevanz. Einzige Ausnahme ist die Korean e-Sports Association (KeSPA), also der südkoreanische Dachverband. Dieser ist für Südkorea von immenser Bedeutung, weil er gleichzeitig Infrastruktur geschaffen hat und als Wettbewerbsveranstalter fungiert.

In Deutschland gibt es den eSport-Bund Deutschland (ESBD). In der Szene ist dieser sehr umstritten. Die Meinungsbilder reichen von Zustimmung und Anerkennung bis hin zur völligen Ablehnung. Große Organisationen wie SK Gaming, mousesports und PENTA sind nicht im ESBD organisiert, was unter anderem einer der Kritikpunkte an dem Verband ist. Der ESBD hat als Ziele die Anerkennung des eSports als Sport, sowie die Förderung des elektronischen Sports.

8.4. Räumlichkeiten

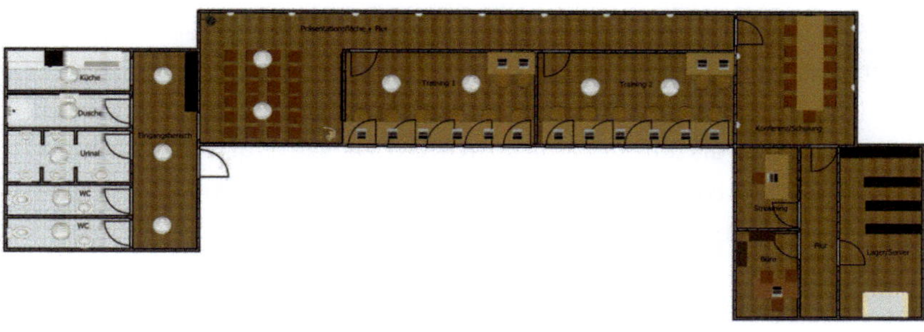

i Beispielhafte, fiktive Illustration eines kleinen Vereinsheims: Trainingsraum und Grundriss insgesamt im Überblick.[23]

Deutschlandweit existiert ein großes Netzwerk an eSports-Räumlichkeiten. Diese finden sich entweder in Form von Vereinsheimen oder als Leistungszentren. Einige Sportstätten kombinieren beide Ansätze. So ist das Vereinsheim des eSports Nord e.V. in Flensburg einerseits Sozialisierungspunkt für dessen Mitglieder, andererseits aber auch Teil des Netzwerks aus Leistungszentren der deutschen Profiorganisation PENTA.

Derlei Vereinsheime variieren in ihrer Größe und den abbildbaren Leistungen teilweise stark.

Große Vereinsheime können etwa Bootcamps für ihre eigenen Mitglieder, andere Clans und traditionelle Sportvereine anbieten – inklusive Übernachtungsmöglichkeiten. Dies dient auch der Refinanzierung derartiger Einrichtungen.

Darüber hinaus sind Landeszentren zum eSports in ganz Deutschland angedacht. Das erste Landeszentrum für eSports ist in der Schleswig-Holsteinischen Landeshauptstadt Kiel entstanden und befindet sich seit Ende 2019 in der praktischen Umsetzung.

8.5 Regionale / Nationale Meisterschaften

Neben großen Turnieren wie Welt- und Europameisterschaften, existieren auch regionale und nationale Wettbewerbe.

In Schleswig-Holstein veranstaltete die Messe Husum & Congress eine offizielle Landesmeisterschaft in der Fußballsimulation FIFA – gemeinsam mit dem Fußballverband des Landes.

Interessant für Schüler, Lehrer und Eltern dürften die Deutschen Schulmeisterschaften sein, die von Peter Lemcke ins Leben gerufen worden sind. „eSport ist Teil der Lebensrealität unserer Schüler und Schülerinnen." ist auf der Webseite des Wettbewerbs zu lesen.[24]

Das Projekt wendet sich also sehr praxisorientiert an eine klar definierte Zielgruppe. Gespielt werden Turniere in den Disziplinen FIFA, League of Legends und Rocket League (eine Art Autofußball).

Darüber hinaus gibt es deutsche Meisterschaften und Landesmeisterschaften unterschiedlicher Veranstalter und in unterschiedlichen Spielen. Solche Meisterschaften kooperieren teilweise auch mit traditionellen Sportverbänden- und vereinen.

9. Chancen und Nutzen

Ein Blick in andere Länder zeigt, welche positiven Möglichkeiten eSports bietet. In Südkorea ist eine ganze eSports-Industrie entstanden, während in China die Infrastruktur exponentiell wächst. Gleichzeitig finden sich in Ländern wie China, Südkorea, Schweden, und den USA eSports Studiengänge, Schulen und Stipendien.

Einige Länder verfügen über eigene eSports-Universitäten und Forschungseinrichtungen. Vielerorts gibt es fruchtbare Kooperationen mit dem klassischen Sport.

9.1 Berufsbilder

In Zeiten des Fachkräftemangels, vor allem im Bereich der MINT-Fächer, bietet eSports viele Chancen.[25]

eSportler und Fans sind in der Regel technisch interessierte Menschen, die über viel Know-How im Bereich der Informationstechnologie verfügen. Das ergibt sich schon aus den technischen Aspekten des eSports, findet er doch auf Computern, Konsolen oder anderen technischen Gerätschaften innerhalb eines Netzwerks statt.

China hat ein sehr zukunftsweisendes Konzept ausgearbeitet, das als Vorbild dienen könnte. Es gibt an einigen Universitäten in China die Möglichkeit eSports-Profi zu werden. Studenten lernen hier ganzheitlich zu trainieren, ähnlich wie man es aus dem klassischen Sport bei Leistungszentren kennt.

Gleichzeitig absolvieren die Studenten eine umfassende technische Ausbildung beziehungsweise ein Studium, zum Beispiel im Bereich Ingenieurwissenschaften. eSportler, die sich als nicht talentiert oder gut genug für den Profisport herausstellen, verfügen so dennoch über einen sinnvollen und in der Wirtschaft gebrauchten Abschluss.

So wird die chinesische Industrie nachhaltig gestärkt - und zwar ganz direkt durch die Schaffung von eSports-Strukturen und die Nutzung von Potenzialen und Synergieeffekten.

Auch in Deutschland erkennt man zunehmend die Chancen, die eSports im beruflichen Umfeld bietet, gerade im Hinblick auf Fachkräfte. In Augsburg gibt es eine Einrichtung zum Thema eSports-Recht, an der Europa-Universität Viadrina in Frankfurt (Oder) wird im Bereich eSports Economics geforscht und an der Sporthochschule Köln ist das Projekt esportwissen.de ins Leben gerufen worden. Das nur als ein paar Beispiele für die Entwicklungen, die sich aktuell im deutschen eSports finden lassen.

9.2 Events / Tourismus

eSports Wettbewerbe locken tausende Zuschauer in Arenen und Stadien auf der ganzen Welt.

In Deutschland beweist etwa das CS:GO-Event ESL One Cologne (Köln) jedes Jahr, wie viel Potenzial bei Events für wirtschaftliche Vorteile einzelner Städte oder ganzer Regionen besteht.

Derartige Events bieten vielerlei Synergieeffekte:

- **Übernachtungen für Hotels, Hostels und Pensionen**
- **Erhöhtes Gästeaufkommen in Restaurants, Bars und Diskotheken**
- **Vermehrtes Kundenaufkommen bei lokalen Händlern**
- **Erhöhung der Anzahl von Taxifahrten**
- **Gelder für die öffentliche Hand, durch Steuereinahmen und eine vermehrte Nutzung des öffentlichen Personennahverkehrs**
- **Besucher von eSports-Events sind häufig auch interessiert an anderen Sehenswürdigkeiten, wie Museen und Denkmälern**
- **Schaffung von Arbeitsplätzen zur Planung und Umsetzung von Großevents in der Region**
- **Generierung medialer Aufmerksamkeit für die eigene Stadt sowie die Region**

Das sind ein paar Beispiele von positiven Effekten, die mit der Durchführung von größeren Veranstaltungen verbunden sein können.

9.3 Internationalität

In einer zunehmend globalisierten Welt ist es für den beruflichen und gesellschaftlichen Erfolg eines Menschen durchaus wichtig, dass er sich in einem internationalen Umfeld zu bewegen weiß. Menschen interagieren global miteinander, unabhängig von Religionen, Kulturen und nationalen Eigenheiten.

Auf keinem großen eSports-Event gab es bis jetzt gewaltsame Konflikte, wie man sie etwa von den Hooligans im traditionellen Sport kennt. In eSports-Teams spielen chinesische und taiwanesische Athleten friedlich zusammen. Russen und Ukrainer bilden gemeinsam eines der erfolgreichsten CS:GO-Teams der Welt.

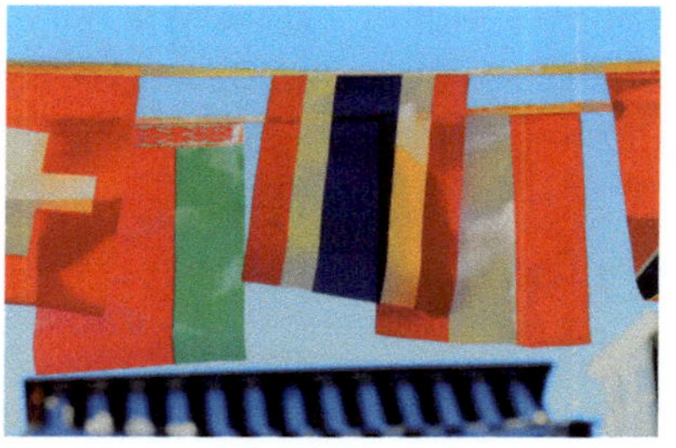

i Es handelt sich weltweit um ein friedliches Miteinander der Kulturen.

eSports steht für Völkerverständigung im Spiel und darüber hinaus.

9.4 Fertigkeiten und Fähigkeiten

Beim eSports werden diverse Eigenschaften geschult, die auch im beruflichen und persönlichen Vorankommen sehr wichtig sein können:

- **Strategisches Denken**
- **Taktisches Vorgehen**
- **Konzeptionelles Denkvermögen**
- **Feinmotorik**
- **Kreativität**
- **Hand-Augen-Koordination**
- **Teamplay**
- **Rhetorik und Kommunikation**
- **Sprachkenntnisse (zumeist Englisch)**
- **Verständnis für andere Kulturen, Religionen und Menschen**
- **Inklusion**
- **Technisches Know-How**
- **IT-Kenntnisse**[26]
- **Problemlösefähigkeit**
- **Stressresistenz**
- **Mulitasking-Fähigkeiten**

eSports eignet sich etwa hervorragend für Teambuilding und zur Stressbewältigung. Daher bieten sich eSports-Maßnahmen auch im Rahmen der Personalentwicklung bei Unternehmen an.

10. Risiken

Wie andere Sportarten auch, kann es beim eSports durch eine einseitige Überbelastung zu körperlichen Schäden kommen. Etwa einer Sehnenscheidenentzündung, Übergewicht sowie Rückenproblemen (Lendenwirbelsäule/Nacken).

Daher gilt auch beim eSports, dass für Ausgleich in Form ganzheitlicher Trainingspläne gesorgt werden muss: „Ein gesunder Geist in einem gesunden Körper", weiß schon der Volksmund.

Risiken, die für das Gaming gelten, finden im eSports keinen Raum zur Entfaltung. Suchtproblematiken etwa, die beim Gaming durchaus vorkommen können, sind beim eSports eher unbedeutend, da das eigentliche Spielen nur einen Teil des komplexen elektronischen Sports ausmacht.

Tag/Uhrzeit	Montag	Dienstag	Mittwoch	Donnerstag
09:00 – 09:30	Gemeinsames Frühstück	Gemeinsames Frühstück	Gemeinsames Frühstück	Gemeinsames Frühstück
09:30 – 10:30	Teambesprechung, Replayanalyse Vortag/Samst.	Teambesprechung, Replayanalyse Vortag	Gemeinsames Wandern (25 Kilometer) mit Pausen	Teambesprechung, Replayanalyse Vortag
10:30 – 13:00	Praktisches Training, Spielen am PC	Praktisches Training, Spielen am PC		Praktisches Training, Spielen am PC
13:00 – 13:30	Gemeinsames Mittagessen	Gemeinsames Mittagessen	Gemeinsames Mittagessen	Gemeinsames Mittagessen
13:30 – 14:30	Mittagspause/Freizeit	Mittagspause/Freizeit	Mittagspause/Freizeit	Mittagspause/Freizeit
14:30 – 17:30	Praktisches Training, Spielen am PC	Praktisches Training, Spielen am PC	Praktisches Training, Spielen am PC	Praktisches Training, Spielen am PC
17:30 – 19:00	Klassische Sporteinheit (Laufen, Teamsport, Fitness)	Klassische Sporteinheit (Laufen, Teamsport, Fitness)	Teambesprechung, Replayanalyse Vortag, Metaanalyse	Schwimmen
19:00 – 19:30	Gemeinsames Abendessen	Gemeinsames Abendessen	Gemeinsames Abendessen	Gemeinsames Abendessen
19:30 – 21:00	Taktik-/Strategie-Training am PC/Reißbrett, Metaanalyse	Taktik-/Strategie-Training am PC/Reißbrett, Metaanalyse	Praktisches Training, Spielen am PC	Taktik-/Strategie-Training am PC/Reißbrett, Metaanalyse
21:00 – 22:30	Praktisches Training, Spielen am PC	Praktisches Training, Spielen am PC		Praktisches Training, Spielen am PC
22:30 – 23:00	Nachbesprechung vom Tag	Nachbesprechung vom Tag	Nachbesprechung vom Tag	Nachbesprechung vom Tag
Ab 23:00	Nachtruhe	Nachtruhe	Nachtruhe	Nachtruhe

i Auszug aus einem Trainingsplan, wie er im Profisport vorhanden sein könnte.[27] Auch Breitensportvereine nutzen solche Trainingspläne, etwa für Konzepte während der Schul- und Semesterferien oder des Urlaubs.

11. Nachwort

Dieser Leitfaden dient als kurzer Überblick über ein paar Teilbereiche des eSports. Beim elektronischen Sport handelt es sich um ein sehr weitreichendes Feld, das gerade in Deutschland häufig nicht richtig dargestellt wird. Vor allem hinsichtlich der Vermengung von eSports und Gaming existieren viele Fehlerquellen.

Für Rückfragen zum Leitfaden wenden Sie sich bitte an:

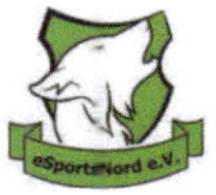

eSports Nord e.V.
www.esportsnord.de
info@esportsnord.de

Der Verein steht Ihnen gerne für Rückfragen jeder Art zur Verfügung.

Weitergehende Informationen

Buchtipp

Bildschirm-Athleten
Timo Schöber
504 Seiten, Erschienen 2018
ISBN 978-3752830774

Was ist e-Sports? Woher kommt er und wohin geht er? Wie sieht der Ist-Stand aus? Wie funktioniert das System des e-Sports? Handelt es sich um einen echten Sport? Kann man damit Geld verdienen? Was benötigt man, um e-Sportler zu werden? Diese und viele weitere Fragestellungen werden im Buch erörtert.

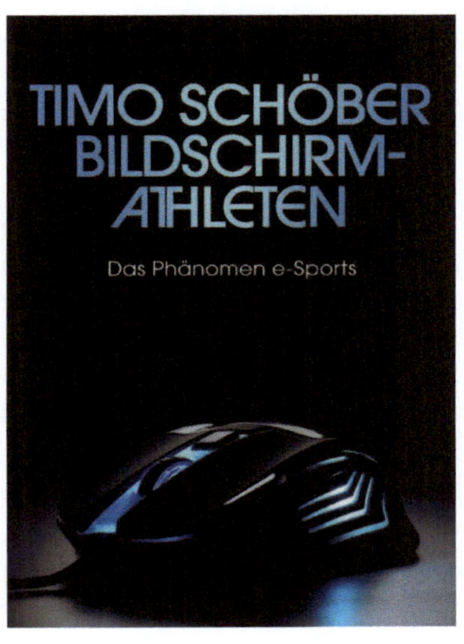

12. Quellenangaben und Hinweise

1 Timo Schöber, Bildschirm-Athleten: Das Phänomen e-Sports, BoD, Norderstedt, 2018

2 Hinweis: Mit allen Bezeichnungen in diesem Leitfaden sind sowohl die männliche als auch die weibliche Geschlechtsform gemeint.

3 Deutsche Welle, 2016, www.dw.com/de/impressum/a-15718489

4 Jens Junge, ESL Pro League Season 10 Finals, Odense, Dänemark

5 Bumm13, commons.wikimedia.org/w/index.php?curid=799667

6 Toffelginkgo, commons.wikimedia.org/w/index.php?curid=7380926

7 LAN steht für Local Area Network, also ein lokales Netzwerk von zwei oder mehr Computern, Konsolen, etc.

8 game-Verband, Fokus eSports, 2019, S. 11

9 game-Verband, Fokus eSports, 2019, S. 25

10 game-Verband, Fokus eSports, 2019, S. 29

11 game-Verband, Fokus eSports, 2019, S. 30

12 game-Verband, Fokus eSports, 2019, S. 45

13 game-Verband, Fokus eSports, 2019, S. 47

14 Original PNG version by Raizin, SVG Rework by Sameboat. commons.wikimedia.org/w/index.php?curid=29443207

15 Di12, PD-Schöpfungshöhe, de.wikipedia.org/w/index.php?curid=1727337

16 GPL, commons.wikimedia.org/w/index.php?curid=629333

17 www.esportsearnings.com/games (League of Legends)

18 www.esportsearnings.com/games (Dota 2)

19 www.esportsearnings.com/games/231-dota-2

20 www.esportsearnings.com/games (StarCraft II)

21 www.esportsearnings.com/games (CS:GO)

22 www.esportsearnings.com/games (Fortnite)

23 Fabian Bornemann, eSports Nord e.V.

24 www.schulmeisterschaft.de/about

25 MINT steht für Mathematik, Informatik, Naturwissenschaft, Technik

26 IT steht für Informationstechnik, als Teil der Informations- und Datenverarbeitung

27 Trainingsplan eSports Nord e.V., erstellt von Timo Schöber

Bildmaterial unter anderem von unsplash.com